Inhalt

Werbeagenturen - 2010 wieder deutlich im Plus

Kernthesen

Beitrag

Fallbeispiele

Zahlen und Fakten

Weiterführende Literatur

Impressum

Werbeagenturen - 2010 wieder deutlich im Plus

Markus Hofstetter

Kernthesen

- 2010 erzielten deutsche Werbe- und Kommunikationsagenturen ein Umsatzwachstum von 7,5 Prozent, damit ist das Vorkrisenniveau wieder erreicht.
- Die Agenturen blicken mit Zuversicht auf 2011, sie erwarten ein ähnlich hohes Umsatzwachstum wie 2010.
- Das Wachstum der Top-50-Agenturen war 2010 mit durchschnittlich rund 9,6 Prozent etwas höher als das der kompletten Branche.
- Werbung und PR rangieren bei Studierenden als Berufsfelder deutlich vor der IT-, Telekommunikations-, Finanz- und Versicherungsbranche.

Beitrag

Werbeagenturen 2010 deutlich im Plus

Die deutschen Werbe- und Kommunikationsagenturen haben die Krise überwunden. 2009 ging der Umsatz laut Gesamtverband Kommunikationsagenturen GWA noch um 5,1 Prozent zurück. 2010 dagegen standen plus 7,5 Prozent zu Buche. Damit ist die Branche wieder auf das Vorkrisenniveau zurückgekehrt. Auch die Renditeentwicklung verlief positiv. Im Durchschnitt erzielten die Agenturen 2010 einen Renditezuwachs von 13,5 Prozent. Der Einbruch von rund 27 Prozent im Jahr 2009 konnte damit jedoch nicht ausgeglichen werden. Am meisten Geld floss dabei aus den Branchen Finanzen und Automobil zu, die nach Abklingen der Krise ihre Marketingbudgets wieder ausdehnten. Im Durchschnitt 13 Prozent betrug ihr Anteil am Gesamtumsatz der Werbe- und Kommunikationsagenturen. Die Plätze zwei und drei belegten die Nahrungs- und Genussmittelbranche mit elf Prozent sowie die Pharmaindustrie mit neun Prozent.

Ein uneinheitliches Bild ergibt sich beim Blick auf die Kosten. Bei 38 Prozent der Agenturen sind laut GWA 2010 die Kosten gestiegen, bei 18 Prozent gleichgeblieben und bei 42 Prozent gefallen. Abgebaut wurden die Kommunikations- und Reisekosten sowie "sonstige Bereiche". Erhöht haben sich dagegen vor allem die Personal- und Weiterbildungskosten. Ein Grund ist, dass mehr Mitarbeiter zur Bewältigung der Projekte benötigt wurden. Folgerichtig gaben drei Viertel aller von der GWA befragten Werbe- und Kommunikationsagenturen an, 2010 neue Mitarbeiter eingestellt zu haben. Betrieblich bedingte Kündigungen mussten 22 Prozent der Agenturen aussprechen. Insgesamt waren in der Hälfte der Agenturen 2010 mehr Mitarbeiter beschäftigt als zum Vergleichszeitpunkt 2009. Die Weiterbildungskosten erhöhten sich, da die Agenturen ein Bewusstsein dafür entwickelt haben, dass sie in ihre Mitarbeiter investieren müssen. (1), (2), (3), (4), (7), [Abb. 1]

Positive Aussichten für 2011

Die Agenturen gehen optimistisch in das Jahr 2011. Laut Frühjahrmonitor rechnet der GWA damit, dass der Umsatz der Branche um durchschnittlich 7,3 Prozent steigen wird. Auch bei den Renditen wird mit 12,6 Prozent eine ähnliche Steigerungsrate wie 2010 vorhergesagt. Für das laufende Jahr erwarten 44

Prozent der befragten Agenturen einen Kostenanstieg. Zudem zeigt sich, dass in der Personalentwicklung die Schere weiter aufgeht: 75 Prozent der befragten Agenturen planen Neueinstellungen, nur fünf Prozent rechnen mit Entlassungen.

Spendingssignale erwarten die Werber 2011 vor allem aus den Branchen Automobil, Banken/Finanzdienstleister, Internetwirtschaft und Pharma. Überraschend hoch ist der Anteil der Umsätze, die die Agenturen laut eigenen Angaben zum aktuellen Zeitpunkt bereits sicher haben. Er liegt bei über 60 Prozent. Diese Quote verwundert, da der Anteil des anfälligen Projektgeschäfts inzwischen auf fast 50 Prozent gestiegen ist. (2), (3), (4), (7)

Gutes Jahr für die Top-50-Agenturen

Die Top-50-Anbieter schnitten 2010 sogar besser ab als die gesamte Branche. Sie wuchsen um durchschnittlich 9,58 Prozent. Nur neun von 50 gelisteten Firmen wiesen dabei ein Minus aus. Der Umsatz erhöhte sich auf 814,22 Millionen Euro. Auch die Entwicklung im Personalbereich war positiv. 2010 hatten die größten unabhängigen/inhabergeführten Werbeagenturen 7 087 Mitarbeiter auf der

Gehaltsliste stehen, das sind rund sechs Prozent mehr als im Vorjahr.

Das aktuelle Ranking der Top-50-Agenturen von W&V und Horizont führt Serviceplan an. Die Gruppe baute ihr Bestandsgeschäft unter anderem bei BMW aus und gewann viele neue Kunden hinzu, etwa Osram oder Kabel BW. Wachstum bescherte zudem die Online-Tochter Plan.Net. Mit 994 Mitarbeitern erwirtschaftete die Gruppe 144,83 Millionen Euro Gross Income, ein Plus von rund 15 Prozent gegenüber 2009. Die Einkünfte aus dem Mediageschäft erklären die Ausnahmestellung der Serviceplan-Gruppe. Fast ein Viertel der Honorarumsätze kamen aus diesem Bereich. Alle anderen Top-Ten-Agenturen erzielen mit Media sehr geringe oder keine Umsätze.

Dazu gehört beispielsweise Commarco (Scholz & Friends), die Agentur ist mit 122 Millionen Euro Umsatz die Nummer zwei im Ranking. Das sind fast vier Millionen Euro oder 3,37 Prozent weniger als 2009. Zwar konnte im November 2010 mit Opel der wohl dickste Etat-Brocken des Jahres gewonnen werden. Das Budget wird sich aber erst in der Bilanz für 2011 auswirken. Auf Platz drei liegt Media Consulta. Das Network legte in Deutschland um 2,9 Prozent auf 75,4, Millionen Euro zu. Mit einem Pro-Kopf-Umsatz von 225 000 Euro verzeichnete die

Gruppe einen der höchsten Werte. Als plausibel gelten maximal 150 000 Euro. Grund ist, dass die gemeldeten Mitarbeiterzahlen sich nur auf Deutschland beziehen, aber von diesem Personal auch paneuropäische Kampagnen realisiert werden.

Kräftig wachsen konnte auch die Nummer vier, Jung von Matt. Zahlreiche neue Kunden, darunter Fujitsu, Chiquita und Zalando, sowie die Mehraufgaben beim Kunden Mercedes-Benz bescherten der Hamburger Agenturgruppe 64,33 Millionen Euro Gross Income, das sind zwanzig Prozent mehr als 2009.

Bei der Nummer fünf im Ranking, der Nürnberger Agentur Dialogfeld, beschleunigte eine Akquisition den Aufwärtstrend. Die Experten für Below-the-Line-Kommunikation erwarben im vergangenen Jahr den Schweizer Event-Spezialisten Habegger; die Zahl der Mitarbeiter stieg um 100, der Umsatz um rund 69 Prozent auf 29,3 Millionen Euro.

Einige Agenturen konnten ihr Gross Income zweistellig steigern. Dazu zählt Aperto aus Berlin, welche den Umsatz durch die Übernahme von Plantagne und Greenkern auf rund 16,5 Millionen Euro fast verdoppelte. Unabhängig davon gewann die Gruppe mit der Europäischen Zentralbank, WWF sowie Erdgas Mobile reichlich Neugeschäft. Bei WRW erhöhte sich das Gross Income um über 38 Prozent auf ebenfalls rund 16,5 Millionen Euro. Die Kölner Agentur profitierte von den neu gewonnenen Kunden aus dem Jahr 2009 sowie dem geänderten Werbeverhalten. Weit oben rangiert WRW auch beim Pro-Kopf-Umsatz: 213 000 Euro erwirtschaftete jeder Mitarbeiter. Möglich machen das nach Agenturangaben die vielen standardisierten Prozesse und die Beträge, die gegen eine Handling-Fee lediglich durchgereicht werden. Die Kölner Fullservice-Anbieter für Below-the-Line-Kommunikation BplusD legte 2010 um knapp 25 Prozent zu. Ebenfalls deutlich zweistellig zulegen konnten Agenturen wie Kolle Rebbe, Grabarz & Partner, Kemper Trautmann, Leagas Delaney, Philipp und Keuntje sowie Hirschen Group.

Trotz der vielen guten Zahlen gibt es auch Verlierer. Neben Scholz & Friends ist das unter anderem die Agentur Pepper. Die Fullservice-Agentur für erklärungsbedürftige Produkte hat 2010 fast dreißig Prozent des Gross Income eingebüßt. Als Grund wird genannt, dass ein Großprojekt nicht mehr von München, sondern vom Büro in Chicago betreut wird. (5), (6)

Werbeagenturen als potenzielle Arbeitgeber beliebt

Werbung und PR sind bei Studierenden als Berufsfelder gleichermaßen attraktiv und genießen ein positives Image. Als Wunscharbeitgeber rangieren sie deutlich vor der IT-, Telekommunikations- oder Finanz- und Versicherungsbranche. Das ist das Ergebnis der Nachwuchsstudie "Kommunikation 2011", bei der insgesamt 778 junge Leute mitmachten und ihre Erwartungen an einen Berufseinstieg in der Werbung formulierten. In der Untersuchung kamen nicht nur angehende Medien- oder Kommunikationswissenschaftler, sondern auch Ingenieure, Informatiker oder Naturwissenschaftler zu Wort. .

Demnach können sich rund drei Viertel aller Befragten vorstellen, nach Abschluss ihres Studiums in einer Werbe- oder Kommunikationsagentur zu arbeiten. Neben klangvollen Namen wie Jung von Matt und Scholz & Friends ist auch der Standort der jeweiligen Kreativschmiede wichtig. Am liebsten würden sie in Hamburg arbeiten, das geben 68 Prozent der Befragten an. Ebenfalls attraktiv sind München und Berlin. Düsseldorf bildet das Schlusslicht hinter Stuttgart und Frankfurt am Main.

Die online erfassten Studienergebnisse zeigen damit neue Chancen für die Agenturlandschaft auf, die sich heute neue Mitarbeiter nicht nur unter Designern, Wirtschafts- und Geisteswissenschaftlern sucht, sondern vermehrt um Absolventen technischer Studiengänge wirbt. Die Kehrseite: Die jungen Leute wissen zu wenig über Werbe- und Kommunikationsagenturen. Sie vermuten zwar ein junges, inspirierendes und vielseitiges Arbeitsfeld, rechnen jedoch mit zu wenig Möglichkeiten für die Vereinbarkeit von Beruf und Familie. Vermeintlich lange Arbeitszeiten, kaum vorhandene Weiterbildungsangebote und niedrige Gehälter dämpfen ihren Optimismus ebenfalls. (8), (9)

Fallbeispiele

Serviceplan - gewinnt Pitch für BMW 1er

Nach einem Pitch, an dem die Agenturen Interone und Serviceplan sowie WCRS &Co. aus London teilgenommen hatten, erhielt Serviceplan den Zuschlag für die Idee und Umsetzung der Einführung des neuen BMW 1er. Jetzt startet eine integrierte Kampagne für das Kompaktklasse-Modell unter dem Motto "One Origin - Two Originals". Im Bewegtbild-Auftritt spielt ein Brüderpaar aus London die Hauptrolle. Die 30 bis 90 Sekunden langen Filme wurden von GAP Film, München, produziert. Den

Auftritt im Internet betreuen Interone, Hamburg, und KKLD. Ab September steht der 1er bei den Händlern. (10)

Kolle Rebbe siegt im TUI-Pitch

Kolle Rebbe konnte sich im Pitch um den Werbeetat von TUI durchsetzen. Am Ende waren neben Kolle Robbe noch die beiden ebenfalls in Hamburg ansässigen Agenturen Grabarz & Partner und Zum goldenen Hirschen im Rennen. Der bisherige Etathalter Jung von Matt sowie die Berliner Agentur Heimat waren bereits in der ersten Runde ausgeschieden. Schwerpunkt der Markenkommunikation werden nach Angaben von TUI künftig innovative Produkt- und Servicekonzepte für moderne Lebensstil-Zielgruppen sein. Um diese Zielgruppen zukünftig besser erreichen zu können, sollen die Vertriebs- und Kommunikationsaktivitäten online und offline stärker vernetzt werden. (11)

Zahlen & Fakten

Abbildung 1: Die Entwicklung des Umsatzes der Agenturbranche in Deutschland

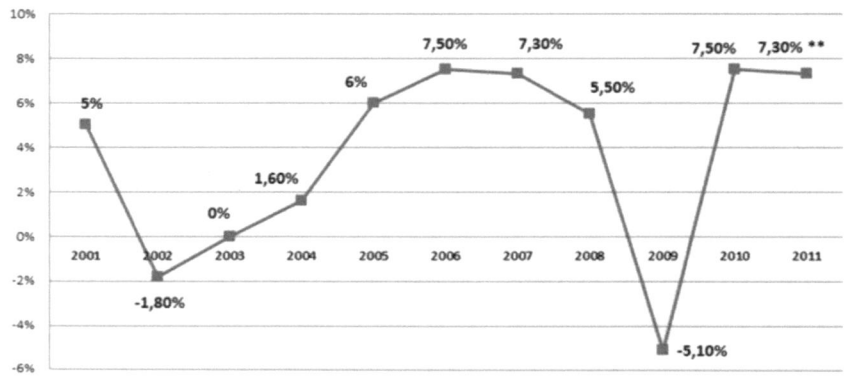

Quelle: GWA Entnommen aus: HORIZONT 11/2011, S. 8, (4)

Abbildung 2: Top 20 Werbeagenturen

Rang	Agentur	Hauptsitz	Gross Income 2010 in Mio. Euro	Mitarbeiter 2009 Anzahl	Umsatz 2010 in Tsd. Euro
1	Serviceplan Brand PR GmbH & Co. KG	München	144,83	126,09	994
2	Commarco, Scholz & Friends	Hamburg	122,08	126,34	1.503

3	Media Consulta	Berlin	75,4	73,29	334
4	Jung von Matt Aktiengesellschaft *	Hamburg	64,33	53,68	581
5	Dialogfeld	Nürnberg	29,3	25,57	245
6	FischerAppelt Kommunikation GmbH *	Hamburg	26,3	25,75	234
7	Hirschen Group	Hamburg	22,15	18,92	215
8	Kolle Rebbe Werbeagentur GmbH	Hamburg	21,48	17,77	184
9	Grabarz & Partner GmbH *	Hamburg	18,35	15,25	170
10	WRV United	Köln	16,53	11,96	77
11	Aperto *	Berlin	16,46	8,37	144
12	Kemper Trautmann *	Hamburg	14,45	12,27	107
13	Conteam Gruppe *	Mainz	13,4	12,97	110
14	Philipp und Keuntje GmbH	Hamburg	13,38	10,82	123
15	Gingo.net	Braunschweig	12,64	11,11	101
16	Bplusd *	Köln	10,98	8,8	122
17	Trio Group *	Mannheim	10,55	9,55	100
18	Heimat Werbeagentur GmbH *	Berlin	10,33	k.A.	70
19	WOB *	Viernheim	9,7	8,67	96

| 20 | Pepper * | München | 9,63 | 13,63 | 90 |

Quelle: Arbeitsgemeinschaft Rankingliste (Horizont, Werben & Verkaufen) Inhabergeführte und unabhängige Agenturen; gelistet sind nur Agenturen, die mindestens 30 Prozent ihres Umsatzes mit klassischer Werbung erzielen. * Testat wird nachgereicht. Entnommen aus: HORIZONT, 11/2011, S. 14, (6)

Weiterführende Literatur

(1) GWA-Agenturen wachsen um sieben Prozent
aus W&V Online-Magazin vom 15.03.2011

(2) GWA Frühjahrsmonitor: Agentur-Erlöse klettern um 7,5%
aus kress.de vom 16.03.2011

(3) GWA Frühjahrsmonitor: Agenturen verbuchen Plus bei Umsatz und Rendite
aus horizont.net vom 15.03.2011

(4) Werber bleiben optimistisch
aus HORIZONT 11 vom 17.03.2011 Seite 008

(5) Der Branchenprimus kommt aus München
aus werben & verkaufen Nr. 11 vom 17.03.2011, S. 26

(6) Gutes Jahr für Inhaberagenturen
aus HORIZONT 11 vom 17.03.2011 Seite 014

(7) Agenturen im Aufwind
aus werben & verkaufen Nr. 11 vom 17.03.2011, S. 29

(8) Agenturen besser als ihr Ruf ?
aus werben & verkaufen Nr. 11 vom 17.03.2011, S. 67

(9) Studie: Agenturen als Arbeitgeber
aus W&V Online-Magazin vom 16.03.2011

(10) Serviceplan schiebt 1er an
aus Der Kontakter Nr. 23 vom 06.06.2011, S. 11

(11) Kolle Rebbe siegt im TUI-Pitch
aus horizont.net vom 07.06.2011

Impressum

Werbeagenturen - 2010 wieder deutlich im Plus

Bibliografische Information der deutschen Nationalbibliothek

Die Deutsche Nationalbibliothek verzeichnet diese Publikation in der deutschen Nationalbibliografie; detaillierte bibliografische Daten sind im Internet über http://dnb.d-nb.de abrufbar.

ISBN: 978-3-7379-2553-2

© 2015 GBI-Genios Deutsche Wirtschaftsdatenbank GmbH, Freischützstraße 96, 81927 München, www.genios.de

Alle Rechte vorbehalten. Dieses Werk ist einschließlich aller seiner Teile – z.B. Texte, Tabellen und Grafiken - urheberrechtlich geschützt. Jede Verwertung außerhalb der Grenzen des Urheberrechtsgesetzes bedarf der vorherigen Zustimmung des Verlags. Dies gilt insbesondere auch für auszugsweise Nachdrucke, fotomechanische Vervielfältigungen (Fotokopie/Mikroskopie), Übersetzungen, Auswertungen durch Datenbanken oder ähnliche Einrichtungen und die Einspeicherung und Verarbeitung in elektronischen Systemen.